*Extrait de l'*Investigateur,
journal de la Société des Études historiques *Septembre-Octobre 1876.*

EXPÉDITION DE LABIÉNUS

LIEUTENANT DE CÉSAR

CONTRE LUTÈCE, *Oppidum Parisiorum.*

SIÈGE DE PARIS.

NOUVELLE ÉTUDE

L'an 52 avant J.-C., vers la fin de mai ou le commencement de juin, César, occupé de la pacification de la Gaule soulevée et frémissante sous les entrainements de Vercingétorix, était avec son armée chez les Boies, à Decise, localité dont on trouverait aujourd'hui la place dans la Nièvre, entre Nevers et Moulins; il cherchait à mettre fin aux divisions des Eduens et se disposait à aller assiéger Gergovie, la principale forteresse des Avernes, lorsque détachant de son armée deux légions, — la légion était de quatre à cinq mille combattants, — et une partie de sa cavalerie, il prescrivit à Labiénus de les conduire chez les Senones et les Parisii, peuples qui avaient pris part au soulèvement.

Labiénus, en passant à Agendicum, où il serait parvenu sans avoir éprouvé aucune résistance, prit avec lui deux autres légions et n'y laissa, pour garder les approvisionnements et le matériel renfermés dans cet établissement militaire, que les recrues récemment ramenées par César d'Italie ; il se dirigea sur Lutèce avec des forces qui, d'après ce qui vient d'être dit, peuvent être évaluées à environ trente mille hommes, cavalerie comprise.

César, dans le 7e livre de ses Commentaires, a fait incidemment le récit de cette campagne de son lieutenant et vraisemblablement sur le rapport de celui-ci, le récit est comme presque tous les écrits de César d'une concision qui a son excuse dans la nécessité, pour un général en campagne, d'exprimer beaucoup de choses en peu de mots ; mais il renferme malheureusement des endroits d'une interprétation difficile, les incertitudes se manifestèrent notamment sur la situation d'Agendicum, sur la marche suivie à droite ou à gauche de la Seine, sur le marais qui arrêta Labiénus et le fit rétrograder jusqu'à Melun ; enfin sur le passage du fleuve à la veille du combat et sur le lieu même du combat. On sait combien de controverses ont été la suite de ces obscurités ; la clarté s'est-elle faite aujourd'hui de telle manière que l'on puisse donner du texte des Commentaires une version désormais à l'abri de toute contradiction. On pouvait penser que Louandre, le traducteur érudit de Tacite et des Commentaires, aidé de l'excellent travail de M. Quicherat, avait touché ce but, lorsque l'auteur ou plutôt les auteurs de la vie de César, publiée dans les dernières années du second Empire, au lieu de suivre les mêmes errements, ont sur quelques points tracé un nouveau sillon, et bien mieux Borel d'Hauterive, dans un ouvrage plus récent, les *Sièges de Paris*, ne s'accorde en tous points, ni avec Quicherat, ni avec la vie de César.

M. Quicherat identifie Agendicum avec Sens, il fait donc partir Labiénus de Sens, lui fait suivre la rive gauche de la Seine jusqu'à Juvisy, le ramène à Melun, pour de là redescendre la rive droite jusqu'à Créteil, lui fait passer le fleuve à l'endroit que l'on appelle le Port à l'Anglais et lui fait livrer, dans la plaine d'Ivry, la bataille décisive qui se termine sur les hauteurs de Vitry par la mort de Camulogène et la déroute complète de l'armée fédérée, rassemblée pour la défense de Lutèce.

Dans la version de la vie de César, Labiénus part également de Sens et suit de même les rives gauches de l'Yonne et de la Seine, mais seulement jusqu'à l'Essonne, où se trouverait le marais signalé dans les Commentaires ; après sa marche rétrograde sur Melun et le rétablissement du pont sur la Seine, il aurait également pris la rive droite, mais au lieu de s'arrêter à Créteil et d'y poser son camp, il aurait passé la Marne, aurait contourné Paris au nord, aurait établi ses cantonnements vers la butte des Moulins, aurait passé la Seine à mille pas en aval et aurait livré dans les plaines de Grenelle et d'Issy la bataille qui se serait terminée sur les hauteurs de Vanves et de Châtillon.

Enfin Borel d'Hauterive fait bien camper l'armée romaine au nord de Lutèce comme dans la vie de César et contrairement au récit de Quicherat, puis il fait rétrograder Labiénus sur Melun, non de l'Orge ou de l'Essonne, mais de l'embouchure de la Bièvre.

Je propose une autre version, non assurément comme solution définitive, mais pour faire comprendre que les débats ne sont pas clos, qu'il existe encore des difficultés pour élucider, compléter le texte du récit de César et que nonobstant les nouveaux documents produits en faveur de Sens, on peut encore identifier Agendicum avec Provins, faire partir Labienus de cette localité ; lui faire descendre le cours de la Seine sur la rive droite jusqu'au confluent de la Marne ; le faire ensuite repasser à Melun sur la rive gauche et descendre jusqu'aux abords de Lutèce entre Choisy et Bicêtre, enfin ne lui faire livrer la bataille définitive que lorsque, voulant repasser sur la rive droite pour regagner Agendicum, il fut attaqué par l'armée confédérée de Camulogène, malgré les efforts de ce général pour prévenir l'engagement qui aurait eu lieu, non après le passage de la Seine, mais auparavant.

J'aurai à montrer comment le texte des Commentaires ne serait pas en désaccord avec cette nouvelle version, j'invoquerai en outre l'ancienne tradition gauloise conservée dans la glose de la Cité de Dieu, traduite par l'ordre de Charles V et reproduite par Quicherat, tradition qui ne doit être admise qu'avec discernement, mais à laquelle néanmoins on me semble n'avoir pas attaché assez d'importance. Tout le monde connaît le texte des Commentaires ; on connaît peu celui de la tradition rajeunie ou plutôt vieillie et altérée au moyen-âge, j'en donnerai la teneur d'après Quicherat.

Commençons par fixer le point de départ de l'expédition, en d'autres termes, demandons-nous où nous devons placer Agendicum. Amédée Thierry estime que le récit de César s'applique beaucoup mieux à Sens qu'à Provins. Cette question, dit Bourquelot, le meilleur historien de Provins, traitée dans une foule de dissertations, paraît irrévocablement tranchée en faveur de Sens et dans une note de la vie de César, on lit : A moins d'admettre l'identité d'Agendicum avec Provins ce qui n'est plus possible, etc... Ces assertions dont nous reconnaissons la bonne foi et l'autorité ne nous découragent pas.

Il faudrait d'abord démontrer que l'Agendicum des Commentaires était une ville importante des Gaules, car Sens l'était, or rien n'est moins prouvé. César nomme Agendicum dans cinq passages différents des Commentaires et toujours relativement à son affectation à l'hyvernage des troupes, à la conservation du matériel de guerre, aux approvisionnements et au dépôt des nouvelles recrues ; nulle part il ne lui applique la dénomination de *oppidum* et cependant on lit dans les Commentaires, *oppidum senonum, vellanodum*, ailleurs *oppidum cavaricum* ; ailleurs, *ad oppidum Lemonum ;* César nomme Reims *Duro cortorum remorum ;* parle-t-il d'Agendicum, il ne dit pas *Agendicum senonum,* mais il fixe sa situation sur le territoire des Senonois *in finibus senonum.* Dans six autres passages, il parle des Senonois ; un de ces passages est ainsi conçu : *Tamen senones quæ est civitas , imprimis firma et magnæ inter gallos auctoritatis Cavarinum, etc...* les Senonais qui constituent une cité des mieux établies et des plus influentes chez les Gaulois, avaient décidé de mettre à mort Cavarinus que César avait préposé à leur gouvernement. M. Michelin, l'auteur des Essais historiques et statistiques de Seine-et-Marne se prononce en faveur de Provins sur la seule autorité de ce passage, car, dit-il, dès qu'il y avait une cité des Senones et un Agendicum , la difficulté se trouve levée d'elle-même et rien ne s'oppose à ce que nous reconnaissions Provins dans cet Agendicum, puisque l'on ne cite aucune autre ville à laquelle le nom puisse convenir ; mais ce raisonnement n'est pas concluant. La dénomination de cité pouvant être entendue de la communauté entière ou tribu des Senonais et devant l'être ainsi dans le passage précité : *Senones quæ est civitas imprimis firma.... expulserunt. Senones* est le sujet au pluriel d'*expulserunt ;* retenons donc seulement ceci : que le texte des Commentaires n'a rien de décisif en faveur de l'identification d'Agendicum avec une ville quelconque, mais seulement avec son territoire *in finibus senonum,* s'il en avait été autrement, il n'y eut pas eu d'incertitude et aucune controverse n'aurait eu lieu à ce sujet.

J'écarte Sens tant parce qu'il semble étrange que César ait choisi pour y établir ses approvisionnements et ses réserves, une ville toujours disposée à s'insurger contre la domination romaine que parce qu'on n'y signale aucun local répondant par son étendue ou ses constructions aux desseins de César ; ce qu'on appelle la Motte de Ciar, ou camp de César, enceinte trop resserrée, ne donne aucune idée d'une semblable appropriation, et surtout parce que Sens était une ville trop importante pour que César eut omis d'en parler sous son propre nom autrement que comme établissement militaire.

Sens écarté , chercherons-nous Agendicum où César renferma jusqu'à six légions soit dans le camp des Alleux dont l'enceinte aurait pu à peine contenir plus de deux légions et qu'on a jugé insuffisante même pour la troupe du roi Robert assiégeant Avallon, soit dans le camp de Flogny, ne pouvant non plus suffire à deux légions, camp d'ailleurs que l'on ne fait remonter qu'au temps où Aurélien aurait fait construire le château de Tonnerre ? personne ne nous suivrait dans cette voie ; j'arrêterais plus volontiers mes regards sur Sergine, village près la route de Sens à Melun , l'étymologie de ce nom paraissant être *Sarginæ*, bagages, et l'empreinte d'aucune enceinte ne limitant l'espace à donner au camp ; mais la tradition n'est pas là, non plus que la plus grande convenance stratégique.

Revenons donc à Provins dont les traditions et la situation stratégique avaient frappé les meilleurs esprits et les avaient convaincus, avant qu'on ait été ramené à une opinion contraire par des faits d'une importance qu'on appréciera et dont nous discuterons en peu de mots la valeur.

Nous trouvons Provins sur le territoire et aux confins nord du Senonais ; la ville ancienne ou ville haute est assise sur un plateau élevé, offrant les meilleures conditions de salubrité, entre la vallée de la Seine au midi et celle de la Marne à une plus grande distance au nord ; elle semble, les pieds baignés dans les cours d'eau qui coulent et arrosent les jardins et les prairies au bas des collines, faite pour dominer ce pays couvert et fertile, nommé depuis la Brie, fermé au couchant par la jonction de la Marne et de la Seine, ouvert au levant aux vastes plaines de Champagne sur lesquelles les Romains descendaient du pays des Allobroges et des Sequanais par les hauteurs des Alpes et du Jura ; on accédait à Provins par des routes qui se reliaient entre elles, non à Provins même, mais à une certaine distance, ce qui prouve que Provins n'existait pas encore, au moins comme ville de quelque importance lors de la création de ces voies anciennes, chemins de Sens à Beauvais et à Reims et dans une autre direction chemins de Lutèce et de Meaux à Troyes et à Langres, en sorte que de son camp permanent César pouvait appeler ses troupes dans tous les lieux où leur présence pouvait être nécessaire sans qu'elles fussent jamais exposées, comme elles eussent pu l'être à Sens, aux collisions d'une population hostile. Cette situation, si favorable au nord comme l'était au midi de Sens celle de Noviodunum, Nevers, ville des Eduens, où étaient réunis le trésor ou caisse militaire, du blé et une partie des bagages, a donc pu attirer l'attention de César qui trouvait le plateau libre, à l'exception peut-être de quelques retraites gauloises, car on prétend, d'après d'anciennes légendes, que l'église de St-Quiriace de Provins aurait été fondée sur l'emplacement d'un temple d'Isis. En comparant à ces dispositions celles des anciens camps fortifiés des Gaulois cités par César, notamment l'*oppidum d'Uxellodunum*, on sera frappé de certaines analogies qui porteraient à croire que César n'aurait fait que prendre possession d'un camp préexistant.

Les constructions accumulées sur le plateau sont énormes ; il est impossible d'admettre qu'elles soient l'œuvre des mêmes mains et de la même époque ; s'il en eut été ainsi, le souvenir du jour et des auteurs d'un tel travail et des ressources qu'il eut exigé ne se fut pas perdu dans un oubli si profond ; quatre époques peuvent être signalées sinon comme certaines, au moins comme plus vraisemblables : la première, la plus douteuse, l'époque gauloise se référant au culte d'Isis ou peut-être d'Esus réputé un des fondateurs du Druidisme et aux souterrains où se rendaient les oracles et se cachaient les mystères de la religion des Celtes ; la seconde, celle de l'occupation militaire des troupes de César et des travaux d'une armée dans ses campements sédentaires ; la troisième, celle de l'empereur

Probus qui aurait séjourné à Provins vers 270 de notre ère et y aurait fait édifier une habitation ; il est vrai que le séjour de Probus n'est pas affirmé dans l'histoire, mais la tradition en est si ancienne et si constante qu'il est impossible de ne pas y avoir égard ; enfin, la quatrième, celle des comtes de Champagne auxquels sont dûs très certainement les plus importants travaux qui ont fait de Provins au 13ᵉ siècle, la ville la plus industrieuse, la plus animée et la plus joyeuse de France et de Navarre, sous Thibaut le chansonnier.

On comprend que chacune des constructions nouvelles a dû détruire, modifier, dénaturer les précédentes, que l'on chercherait vainement l'empreinte fidèle des premières lignes tracées sur un sol ainsi remué et l'on ne s'étonnera pas si l'on hésite même à attribuer à ce que l'on appelle la tour de César une origine romaine ; mais ce qui doit frapper surtout ce sont ces souterrains à double étage qui règnent sur un espace que l'on a évalué à douze ou quinze hectares ; souterrains dont les plus grandes salles à voûtes ogivales et à piliers avec chàpiteaux sculptés appartiennent certainement au temps des comtes de Champagne, mais dont les excavations plus profondes, la plupart sans caractères, anciennement reliées par des galeries à peine explorées et aujourd'hui fermées pourraient remonter, en partie du moins, à des époques antérieures et auraient pu avoir servi, on en a eu la pensée, de magasin d'approvisionnement, d'abris pour l'hiver aux troupes romaines et de dépôt provisoire des prisonniers.

L'emplacement ainsi reconnu, on se demande comment a pû s'opérer la mutation de dénomination d'Agendicum en celle de Provins ? Voici la réponse : Agendicum aurait pour racine étymologique *ager*, champ, ou *agger* avec double *g*, élévation, retranchement, et *dicus* ou *dictus* dit ou consacré, ensemble : champ consacré au campement, ou champ militaire de Mars. Ce camp permanent, créé par César avait dû attirer une agglomération de population marchande et acquérir assez d'importance pour que Probus, préoccupé de refouler les Germains et déjà les Francs au-delà du Rhin et du Danube, ait songé à s'y faire une demeure et plus tard à faire planter en vignes, par ses soldats, les côteaux voisins, comme en Espagne et en Panonie, afin de réparer le tort fait à la production vinicole par les interdictions de Domitien ; depuis lors, Agendicum, le camp romain, aurait été dénommé *Castrum Probi* ; à mesure que la population augmenta, la ville basse à laquelle on aurait donné à tort ou à raison la dénomination d'*anatilorum*, nullement par emprunt fait à un ancien peuple de Provence, mais en raison du grand nombre de tanneries établies sur ses cours d'eau, vint s'adjoindre et se souder à la ville haute et l'on n'aurait plus appelé les deux villes réunies *Castrum-Probi* et *Anatilorum*, mais *Provinium,* ou plutôt *Pruvinium*, Provins, du nom transformé de Probus son bienfaiteur qui lui avait rendu la vie comme plus tard les comtes de Champagne lui apportèrent au retour des croisades ces roses de Judée qui prirent le nom de roses de Provins. Le nom d'Agendicum étant désormais délaissé, on comprend que la confusion a pû naître dans bien des esprits entre l'ancien camp permanent des Romains, au pays des Senonais, et la ville même de Sens, comme un jour peut-être l'on pourra confondre avec la ville de Châlons, le camp de Châlons qui en est à plus de vingt kilomètres.

Bien des lecteurs trouveront tout ceci ingénieux, un peu subtil et n'y verront peut-être qu'un roman ; cependant on ne peut révoquer en doute ni l'importance de Provins comme établissement militaire et fortifié sous la domination romaine bien avant les comtes de Champagne, puisque d'une part Provins se trouvait parmi les places fortes livrées par le général romain Siagrius à Clovis, vers 489, après la bataille de Soissons ; que d'autre part des *missi domestici* étaient envoyés dès l'époque carlovingienne *in pago provinio* et qu'on lisait à la même époque dans la légende des monnaies frappées à Provins *Castis Provinis*, et *Castris Pruvinis*. On rapporte même qu'en démolissant au seizième siècle une porte de la ville on aurait lu sur une pierre cette inscription : A. I. R. Æ — C M V I qu'on traduisit ainsi : Antonin, empereur romain, *ædificavit* 906 — mais je ne prétends pas me prévaloir de ce dernier fait, trop peu démontré, non plus que de la cloche appelée *gentico* qui aurait sonné le guet à Provins de 1280 à 1437 ; il me suffit d'avoir constaté d'abord l'importance comme place militaire de Provins, sous l'empire romain en regard du rôle plus politique de Sens à la même époque, sa situation stratégique si bien choisie, enfin l'origine de la confusion survenue dans l'application de la dénomination d'Agendicum, d'où sont nées tant de contradictions et de controverses, confusion qui ôte évidemment une grande partie de leur valeur aux faits d'appropriation de la dénomination d'Agendicum à Sens et même à Provins quand la date des faits est postérieure à cette confusion.

Je dois maintenant examiner sommairement les principaux de ces faits, ceux notamment qui ont déterminé le retour en faveur de Sens. Je ne comprends pas dans cette catégorie la balle de fronde marquée au nom de T. Labiénus, trouvée à Sens et placée au Musée de St-Germain, projectile qui a pu être apporté par un soldat de passage, par un amateur de curiosités, et qui eût pu être découvert dans toute autre ville sans qu'il y eut à en tirer aucune conséquence sérieuse. Mon examen portera uniquement sur les anciens géographes, sur la notice de *Magnus*, sur les passages de la chronique de St-Bertin, sur le *corpus inscriptionum* de Gruter, et sur l'inscription découverte à Sens en 1847.

Les anciens géographes : Le premier en date est Strabon, né 50 ans environ avant J.-C. à Amaris ; il voyagea en Asie-Mineure, en Syrie, en Égypte, vécut longtemps à Rome et mourut sous Tibère. Dans la carte tracée sous son nom, je ne trouve ni Agendicum, ni Provins, mais seulement la ville ou le peuple dénommé *Senones*. Serait-ce téméraire d'en tirer argument en faveur de l'Agendicum considéré à l'origine comme établissement militaire plutôt que comme ville importante?

Le second est Ptolémée, qui vécut longtemps à Alexandrie au IIe siècle de notre ère sous les Empereurs Marc-Aurèle et Commode ; on cite de lui ce passage : *ex iis (gentibus) magis orientales senones agendicum cæsari* ; ces derniers mots qui révèlent une réminiscence de l'ancien campement de César, ne seraient-ils pas l'origine de la confusion qui s'est continuée, confusion compréhensible surtout de la part d'un géographe qui n'aurait jamais visité les Gaules.

Vient ensuite la carte dite Table Théodosienne ou de Peutinger; on n'en connait pas bien la date, on l'a cru composée à Constantinople, vers 393, sous Théodore-le-Pieux, ou vers 435, sous Théodose II ; on est aujourd'hui porté à croire qu'elle est d'une date antérieure ; reproduite ou refaite au XIIIe siècle, par un moine de Colmar, cette reproduction bâtarde tomba dans l'oubli, mais retrouvée à Worms vers 1500 elle vint enrichir la bibliothèque d'un savant antiquaire,

Conrad Peutinger qui lui donna son nom ; elle appartient actuellement à la bibliothèque impériale de Vienne ; il suffit de jeter les yeux sur cette carte pour être frappé de sa défectuosité ; on s'aperçoit de suite qu'il ne s'agit que d'un itinéraire pour guider les voyageurs de Constantinople ou de Rome vers les établissements d'eau minérale de la Gaule ; du reste nul souci de la direction des rivières ou de la situation exacte des localités; ce qui a le plus accrédité ce vieux monument, en outre de sa rareté, ce fut l'indication qu'il renferme des distances d'une ville à l'autre, mais là encore combien n'a-t-on pas éprouvé de mécomptes ; quoi qu'il en soit, dans la carte de Peutinger vous ne lisez ni Sens, ni les Senonais, ni Provins, elle nomme *Agetimcum* et place cette localité au sud de la Seine entre des Bitrobroges et des Cambiovicenses et, comme elle place en même temps *Sommariva*, Amiens, à l'ouest de Paris, dans la direction d'Évreux à Caen, et Paris lui-même, Lutèce, précisément au-dessous de Soissons, on peut bien la soupçonner d'inexactitude et de confusion. On a fait l'application des calculs de distance, il s'est trouvé que ces calculs justifiaient l'identification d'Agendicum avec Provins, mais que ces calculs refaits autrement ne repoussaient pas l'identification d'Agendicum avec Sens. Suivant cette carte, *aquis segeste* que l'on pense être Ferrière, dans le Loiret, serait à égale distance de *Genabo*, Orléans, et d'Agendicum ; prenez un compas et opérez sur une carte moderne : l'égale distance de 22 lieues gauloises correspond avec Provins mieux qu'avec Sens ; mais si, nonobstant la découverte par M. le comte de Pibrac, de la pierre trouvée à Orléans, sur laquelle on lit nettement *Genabum*, vous supposez que le *Genabo* des commentaires, au lieu d'être Orléans, soit la ville de Gien, comme tendait à le prouver une note savante et motivée de la vie de César, vous voici ramené à Sens. En réalité, la carte dite Théodosienne ou de Peutinger quelque discernement et sagacité que l'on mette dans les emprunts qu'on lui fera, est-elle un de ces éléments pouvant servir de base à une solution définive ?

Je passe à des documents d'un autre ordre, aux inscriptions offrant cet intérêt particulier qu'étant du pays, elles impliquent une notion plus exacte des faits.

Si je commence par celle découverte à Sens vers 1847, c'est qu'il faut en faire remonter l'origine à l'occupation romaine. Cette inscription gravée sur une plaque de bronze, porte ceci . *Caïo amatio caï amatii paterni filio aternino ædili vicanorum agied(icensium) ædili curulis, etc.* Je vois bien que Caïus Amatus, père et fils, furent œdiles des bourgs d'Agied dans le Senonais, mais Agied est-il Sens? ou ne s'agit-il pas plutôt des villages du pagus Provinius, *vicanorum*, soit plutôt des bourgs ou ville haute et basse de Provins, dans le pays des Senones ; ni le texte, ni l'érection d'un monument funèbre ou commémoratif au domicile de la famille des Amati à Sens n'exigent une interprétation absolument contraire.

J'arrive à la notice sur la France, aux annales de St-Bertin. Nous sommes au IXe siècle, à l'époque carlovingienne. L'auteur de la notice sur la France, Magnus ou Magnon était archevêque de Sens en 804, la partie des annales de l'abbaye de St-Bertin où se trouvent les deux passages invoqués attribués à saint Prudence, évêque de Troyes, sont des années 858 et 859, nous pouvons donc les regarder comme réellement postérieurs à l'époque où se serait opérée la confusion entre Agendicum, Provins ou pays des Sénonais et la cité ou ville capitale de Sens.

Magnus, dans sa notice sur la France, met en regard les noms anciens et les noms nouveaux des villes capitales ; Provins ne doit pas trouver place dans cette catégorie, mais il cite *Limofex-Augustoritum, Turones-Cæsarodunum*, *Senones-Agendicum* ; cela prouve-t-il autre chose sinon qu'on croyait alors retrouver à Sens l'*Agendicum* des commentaires? en était-on bien sûr? on sait que certaines villes, pendant l'occupation romaine, avaient vu leur ancienne dénomination remplacée par des dénominations césariennes, qu'elles abandonnèrent après l'invasion franque. Or la dénomination de Sens n'avait pas subi ces variations politiques, on a donc de la peine à s'expliquer l'antinomie nominale pour une ville qui comme Sens, n'avait jamais dû abdiquer son véritable nom pour une appellation quelconque.

Le premier passage des annales de l'abbaye de St-Bertin est celui-ci : *Ludoricus Germaniæ Rex, kalendas septembres Pantionem regiam villame advenicns per catalannos et cupedenses agedicum senonum pervenit inde aurelianum pagum adicus, etc.* Bourquelot, dans son histoire de Provins, traduit selon son opinion *Agedicum Senonum*, par Sens capitale des Sénonais, mais le texte n'est pas aussi explicite, il dit seulement *Agedicum Senonum*, et ce complément *Senonum* que l'on voit si fréquemment annexé au mot *Agedicum* s'explique en ce que le *pagus Provinius* qui depuis fit partie de la Brie était alors, bien qu'appartenant aux Sénonais, en quelque sorte enclavé dans le pays des Meldes ; quoiqu'il en soit, si l'on jette un coup d'œil sur la carte, l'on verra que le chemin suivi par Louis de Germanie, dit le Débonnaire, fils de Charlemagne, en quittant Ponthion et se rendant à travers les campagnes du Châlonnais et de Quendes vers le pays d'Orléans, était, pour suivre la ligne directe, de passer à Provins, qu'on doit retrouver sous ces mots de la chronique : *Agedicum Senonum.*

Enfin, le second passage des annales de St-Bertin est ainsi conçu : « *Karlus rex per diversa loca conventus episcorum agit, sed quarto a Tullo locorum milliario in villa saponarias cum lothario et karlo nepotibus suis regibus synodo episcorum adsistens libellum accusationis adversus guanellonem agendici senonum, metropolitanum episcopum, porrigit.* » On a reproché à un écrivain favorable à Provins d'avoir, dans une citation de ce passage, reporté la virgule entre les mots *agendici* et *senonum*, pour faire croire que Guanelon ou Veuillon, évêque métropolitain de Sens, était né à Provins, et que le texte bien ponctué ne signifiait pas autre chose. N'attachons pas une grande importance à cette virgule, car il serait bien possible que le manuscrit de 858 n'ait pas eu originairement une ponctuation régulière ou même n'en ait pas eu du tout. D'un autre côté, comment imposer l'obligation, après quatorze siècles, de faire connaître le lieu de la naissance du prélat ? Disons donc qu'il y a encore ici incertitude, car, en admettant que l'évêque de Troyes, saint Prudence, ait effectivement voulu désigner Sens comme étant l'*Agendicum* de César, il resterait toujours à savoir si en parlant ainsi il ne se rendait pas nouvel écho inconscient de la confusion antérieure dont nous avons parlé.

Voilà bien des arguments de part et d'autre sur la question de savoir si Labiénus, en partant d'Agendicum, est parti de Provins ou de Sens, du nord ou du midi du cours de la Seine ? pourquoi être entré dans de si longs développements ? Mon excuse est celle-ci : J'ai voulu offrir un curieux exemple de ce que des écrivains qui se passionnent dans une controverse entre localités rivales, peuvent dépenser d'érudition pour soutenir l'honneur du clocher, surtout quand la solution de la question, minime en elle-même, doit avoir une influence même indirecte sur un des faits les plus considérables de notre histoire nationale.

Je me résume ainsi : l'Agendicum des Commentaires paraît n'avoir été à l'origine qu'un camp permanent formé par César pour l'hivernage des troupes, la conservation des approvisionnements et du matériel de guerre ; on ne saurait le placer à Sens, l'ancienne ville gauloise, si peu soumise aux Romains ; secondement, Agendicum était sur le territoire des Senonais, soit à proximité de Sens, soit à une distance plus grande ; or, sur ce territoire, nulle localité ne paraît avoir réuni des avantages stratégiques mieux appropriés à l'occupation romaine que Provins ; troisièmement, les premiers géographes qui citent Agendicum ou Sens étaient étrangers à la Gaule, ne l'ont pas visitée et ont pu faire naître la confusion entre le principal établissement militaire de César, au pays des Sénonais, et la capitale de cette cité ; quatrièmement enfin, les inscriptions ou passages d'une date ultérieure, cités en faveur de Sens et dont les textes peuvent être plus ou moins controversés, peuvent n'être que des échos inconscients de cette confusion. Je peux donc, sans affirmer que la question doive être absolument résolue en faveur de Provins et tout en reconnaissant la valeur des arguments favorables plus encore à la cité ou tribu senonaise qu'à la ville même de Sens, me croire permis, dans une incertitude non encore dissipée, de placer l'Agendicum de César à Provins et par conséquent à prendre cette localité comme point de départ de l'expédition de son lieutenant Labiénus contre Lutèce.

Le récit de l'expédition commence ainsi dans les Commentaires : « *Dum hæc apud Cesarem geruntur, Labienus et supplemento quod nuper ex Italia venerat, relicto Agendici, ut esset impedimentis præsidio cum quatuor legionibus Lutetiam proficitur id est oppidum Parisiorum quod positum est in insula fluminis Sequanæ.* » Lorsque ceci se passait du côté de César, Labienus ayant laissé à Agendicum, pour garder les bagages, les renforts récemment amenés d'Italie, marche avec quatre légions vers Lutèce, place des Parisiens, assise dans une île de la Seine.

La voie fréquentée au temps de César pour se rendre de Sens à Paris, suivait, ainsi que l'a reconnu récemment le capitaine d'état-major Roubi, les rives gauches de l'Yonne et de la Seine ; mais comme je fais partir Labiénus de Provins, il dut se diriger vers la rive droite de la Seine à travers les forêts de Brie et de Sénart, *Saltus Briegius*, et *Nemus ardunum*, par un de ces larges chemins gazonnés, pratiquables en hiver par la gelée, en été par la sécheresse, sillonnant les plaines et les forêts de la Gaule, franchissant les collines, et à gué les cours d'eau, et servant en même temps aux troupeaux pour le paturage, à l'homme, piéton, cavalier ou conducteur de char pour le transport et la locomotion.

Voici Labiénus arrivé sans rencontre et sans obstacle au confluent de la Seine et de la Marne, à cette porte fermée, à ce nœud qu'il s'efforce de dénouer, mais en vain, parce qu'il ne s'est pas muni des bâteaux nécessaires pour franchir cette nappe semblable à un marais perpétuel versant ses eaux dans la Seine, soit que mal renseigné il eût espéré passer la Seine à gué, soit que comme César sur le Rhin, il eût dédaigné l'aide des barques de passage.

Les populations voisines de Lutèce, devancées mais non surprises, s'émeuvent à la nouvelle de cette agression et, selon leur louable habitude, elles accourent à la défense de leur *Oppidum* et choisissent pour les commander un des chefs les plus braves et les plus expérimentés, le vieux Camulogène, né à Rouen ou à Évreux. Les choses se seraient-elles passées ainsi, si l'armée de Labienus eût suivi la rive droite ? N'est-ce pas parce que les défenseurs de Lutèce eurent entre eux et les légions romaines, la Seine, qu'ils purent de près comme de loin s'armer, se réunir, se choisir un chef et que d'un autre côté Labiénus put s'avancer si près de Paris sans avoir eu à combattre ?

On a pensé que le marais qui versait ses eaux dans la Seine, ce *paludem perpetuam quæ influeret in Sequanam*, près duquel Camulogène avait pris position, ce qui suspendait la marche de Labiénus, pouvait être, soit au nord de Paris, le Marais ou la Chaussée-d'Antin, soit au midi, le Jardin des Plantes et la Bièvre ; on l'a aussi fait remonter aux affluents de l'Orge ou de l'Essonne. N'est-il pas plus simple de le voir à la jonction de la Seine et de la Marne, dont les eaux moins reglées et moins contenues qu'elles le sont aujourd'hui, représentaient parfaitement cette affluence d'eau assez puissante pour défier les efforts de Labiénus et le décourager ?

En effet, Labiénus *primo vineas agere cratibus atque aggere paludem explere atque iter munuire conabatur, postquam id difficilius confieri animadvertit silentio e castris tertia vigilia egressus eodem quo venerat itinere, melodunum pervenit.* Labiénus n'avait que trois partis à prendre : passer la Seine en présence de l'ennemi, c'eût été téméraire, il n'avait d'ailleurs pas encore de barques à sa disposition et ses tentatives de chaussée étaient vaines; tourner la Varenne pour se porter au nord de Lutèce, il retrouvait la Marne avec ses débordements et ensuite la Seine embrassant Paris dans une plus large étreinte. Il ne lui restait donc que le troisième parti : revenir sur ses pas, *eodem quo venerat itinere*, pénétrant de nouveau dans la forêt de Sénart, le *nemus ardanum*, et s'avançant cette fois sur les bords de la Seine à la recherche de bâteaux de transport jusqu'à Melun. Cette recherche exigeait qu'il se dérobât nuitamment et sans bruit, laissant son camp sur la rive, en face de Camulogène, celui-ci croyant le camp toujours occupé et se trouvant lui-même ainsi immobilisé, ce qui montre bien quelle devait être l'étendue et la profondeur du cours d'eau qui tenait séparées les deux armées.

La secrète manœuvre de Labiénus lui réussit mieux qu'il n'avait dû l'espérer; il put réunir cinquante barques, s'emparer, sans combat, de Melun privé de ses défenseurs; rétablir le pont rompu par les insurgés; se porter sur la rive gauche de la Seine et redescendre le long du fleuve vers Lutèce.

Labiénus avait si bien dissimulé sa retraite que Camulogène n'apprend l'occupation de Melun que par des fugitifs qui, étant sortis de la ville et trouvant la rive gauche encore libre, vinrent à lui; que fait Camulogène à cette nouvelle? Il ne songe plus à défendre le passage du fleuve, le fleuve était passé; ni même à prévenir l'approche de l'ennemi et à arrêter sa marche ; une seule chose le préoccupe, Labiénus a des bâteaux, il a pu par eux s'emparer de Melun. Lutèce est exposée au même péril : il recourt dès lors aux moyens suprêmes d'une situation désespérée; il quitte la contrée du marais et vient camper sur la rive parisienne, en face même de Lutèce, là où devront converger les forces romaines. *Hostes re cognista ab iis qui à meloduno profugerant lutetiam incendi pontesque ejus oppidi rescendi jubent, ipsi profecti a palude ad ripas e regione lutetiæ contra labieni castra considunt.*

Les ponts ont dû être coupés, mais la ville même fût-elle incendiée ? C'est peu probable ; si des incendies eurent lieu ils ne durent dévorer que les demeures et édifices gaulois au midi de la Seine, exposés aux atteintes de l'armée conquérante. Quant à Lutèce, il fallait bien qu'elle fut encore debout pour que Camulogène portât son armée entre elle et celle de Labiénus et pour que celui-ci, si elle eût été délaissée, ne se fut pas donné la satisfaction d'y faire aborder une de ses barques oisives sur le fleuve.

Nous pouvons maintenant nous rendre compte des positions respectives que durent occuper les deux armées avant le combat. Les confédérés, commandés par Camulogène, devaient tenir sur la rive gauche de la Seine, l'emplacement qui renferme aujourd'hui le faubourg Saint-Germain et Grenelle, ainsi que les hauteurs de la montagne Sainte-Geneviève, de Montrouge, Châtillon et Bourg-la-Reine. Les Romains qui, depuis la conquête d'une flottille et la prise de Melun, étaient maîtres de la Seine, devaient se trouver en relation, au moyen de leurs bâteaux, avec l'ancien camp laissé sur la rive droite et, de la position qu'ils occupaient sur la rive gauche, ils devaient commander ou menacer les hauteurs où se trouvent Bicêtre, Villejuif, Ivry, Vitry, jusqu'à Choisy et Thiais ; dans ces positions, les deux armées seraient demeurées assez longtemps à s'observer. Labiénus ne sachant quelles étaient les forces de l'ennemi, ni ce que faisait César, et César ce qu'était devenu Labiénus ; ignorance qui confirme la pensée que les relations de Labiénus étaient plutôt avec Provins qu'avec Sens. De son côté Camulogène semblait attendre le résultats des évènements, espérant que si César était vaincu les Romains se retireraient sans combat et qu'il éviterait ainsi le choc d'une armée mieux aguerrie et plus disciplinée que la sienne.

En effet, les plus sinistres nouvelles courent tant sur l'armée de César que sur de nouveaux soulèvements ; Labiénus s'en montre tellement ému qu'il renonce à toute conquête et ne songe plus qu'à retourner à Agendicum pour de là voler au secours de César. *Tum Labienus, tantà rerum commutatione, longe aliud sibi capiendum consilium, atque antea senserat, intelligebat, neque jam ut aliquid acquireret, prœlioque hostes lacesseret, sed ut incolumnem exercitum Agendicum reduceret cogitabat.*

Voilà donc Labiénus disposé à ne plus provoquer l'ennemi et ses motifs sont des plus déterminants ; d'un côté les Bellovaques, les guerriers réputés les plus braves de la Gaule, se montraient menaçants, ils pouvaient, soit marcher vers Lutèce pour joindre leurs armes à celles des confédérés, soit franchir la Marne et se porter sur Agendicum par la voie des communications habituelles de la Belgique avec la Celtique ; d'Amiens, Beauvais ou Soissons à Sens. D'un autre côté, Camulogène tenait avec son armée la campagne avoisinant Lutèce, or, c'était en présence de telles éventualités que Labienus, sur la rive gauche de la Seine, se trouvait séparé par ce fleuve de sa réserve et de son matériel, laissés à Agendicum-Provins.

Dans cette disposition d'esprit et sous ces entraves, Labiénus, le général romain, va-t-il recommander à ses légions de se préparer à un suprême combat pour sortir victorieux d'une situation si critique, ou périr honorablement ? ce serait contraire à l'idée de ne pas poursuivre la guerre contre Lutèce et de se hâter d'aller secourir César. Il assemble son conseil vers le soir et se borne à prescrire pour la nuit des mouvements de troupes qui, le jour commençant à paraître, font croire aux confédérés que l'armée romaine se dispose à repasser le fleuve pour opérer sa retraite.

Labiénus avait prescrit aux chevaliers de faire descendre silencieusement la flottille amenée de Melun à quatre mille pas en aval et là de l'attendre : il avait laissé pour la garde du camp, cinq cohortes moins aptes à soutenir un engagement ; il avait ordonné aux cinq autres cohortes de la même légion, de remonter à grand bruit le fleuve, les faisant accompagner de canots qui devaient également attirer, par le battement des rames, l'attention de l'ennemi ; lui-même avec trois légions avait rejoint nuitamment et silencieusement la flottille en aval du fleuve. Ce silence d'un côté, de l'autre cette marche bruyante attestent suffisamment que Labiénus voulait attirer l'attention de l'ennemi sur un point autre que celui de l'embarquement, et tout au moins diviser ses forces. Il était bien capable d'employer une ruse de guerre, il en avait usé un an auparavant, lorsque pour attirer

Judutiomare, plus près de ses retranchements, il feignît de n'oser sortir de son camp menacé par les Trèvirs; il en avait usé encore peu de temps après et, par des procédés d'une frappante analogie avec les dispositions stratégiques que nous étudions, lorsque voulant battre les Trévirs avant qu'ils eussent reçu les renforts qu'ils attendaient des Germains, et voulant les attirer en deçà de la rivière de l'Ourthe, il simule pendant la nuit, une fausse retraite qui les fit tomber dans le piége qui leur était tendu.

Quoi qu'il en soit,les Parisiens enhardis à la vue de cette armée qui se retire, peut-être aussi surexcités par le massacre de leurs vedettes, surprises la nuit pendant un violent orage, veulent poursuivre les Romains et les anéantir ; Camulogène plus expérimenté et plus prudent se serait efforcé en vain de les retenir et soit qu'il comprit qu'il n'y réussirait pas, soit qu'il ait agi sous la préoccupation de l'attaque qu'il prévoyait, se conformant aux manœuvres de son adversaire, comme lui il divise son armée en trois corps ; un détachement gardera les camps, un autre suivra sa troupe qui remonte bruyamment la Seine et il conduira le surplus à l'encontre des légions de Labiénus.

Les instructions données par le général romain avaient été ponctuellement suivies et chacun était au poste assigné. C'est ce que veulent dire ces mots des commentaires : *primà luce et nostri omnes erant transportati et hostium acies cernabatur*. Au point du jour, tous les mouvements de troupe étaient opérés et l'armée ennemie était en vue, mâis le passage de la rivière était-il opéré ? non, comment aurait-il pû l'être, il n'y avait pas seulement à embarquer et à débarquer un corps de trois légions, environ 18,000 hommes, mais encore la cavalerie ; or, pour faire franchir le fleuve à la cavalerie, si elle ne passe pas à gué, ce qui eut été impossible au mois de juin après une nuit d'orage, il aurait fallu après avoir rassemblé les barques, les lier entre elles et les couvrir de forts madriers pour en faire une sorte de pont improvisé, cette opération longue, difficile, préparée dans l'obscurité et le silence de la nuit, ne pouvait plus avoir lieu le jour survenu sous les yeux de l'ennemi.

Dans ces circonstances que fait Labiénus, retenu sur la rive gauche et menacé par les confédérés dont Camulogène ne peut plus contenir l'impatiente ardeur ? il harangue brièvement ses troupes et accepte le combat : *Labienus milites cohortatus « ut suæ pristinæ virtutis et tot secundissimorum præliorum retinerent memoriam atque ipsum cæsarem cujus ductu sæpe numero hostes superassent præsentem adesse estimarent, » dat signum prœlii.* Si Labiénus n'avait pas pu effectuer sa traversée de la Seine, néamoins il était parvenu à diviser les forces ennemies ! Le signal est donné et le combat s'engage. Au premier choc, la 7e légion, à l'aile droite de l'armée romaine, culbute les confédérés et les met en fuite ; c'était la tête de l'armée qui triomphait au lieu même où devait s'opérer l'embarquement, mais une lutte plus longue, plus obstinée, plus désespérée se préparait en arrière de l'armée, sur les pentes de Vitry, entre la 12e légion et les soldats de Camulogène combattant sous ses yeux ; les premiers rangs tombés, les autres montrent la même fermeté ; on ne pouvait prévoir l'issue du combat, lorsque la 7e légion, avertie par les tribuns militaires, tourne l'armée des confédérés qui résiste toujours, mais qui enlacée par l'armée romaine, succombe dans cette suprême étreinte et Camulogène avec elle. En vain, la réserve du camp gaulois, accourait à sa défense, elle-même est écrasée et ceux-là seuls échappent à la poursuite de la cavalerie, qui peuvent gagner les bois ou les hauteurs : *Sic cum suis fugientibus permixti, quos non silvæ montesque texerunt ab equitatu sunt interfecti.*

César termine là le récit ; et sans faire entrer Labiénus dans Lutèce, il le montre reprenant le chemin d'Agendicum.

Je dois maintenant, pour remplir ma promesse, reproduire la tradition ayant eu cours au moyen-âge, dire en quoi elle confirme l'interprétation que je viens de donner du texte des Commentaires et comment elle la complète.

« Je viens, écrit Quicherat, de nommer Villejuif, il est bien singulier que ce lieu paraisse aussi dans une version très défigurée du récit de César qui eut cours au moyen-âge parmi les érudits de l'Université de Paris ; cette version a été introduite comme glose dans la vieille traduction française de la cité de Dieu que fit faire le roi Charles V ; elle mérite d'être rapportée textuellement : « Il se trouve au VIe livre de Julius Celsus (nom d'un éditeur des Commentaires, fourni par plusieurs manuscrits et qui passait au moyen-âge pour être celui de l'auteur même *de bello Gallico*, duquel Jules César fit partie) que quand ce Julius vint en France de par les Romains, Paris était habité de gens grands et puissants qui s'appelaient Parisiens et tenaient la cité seulement, laquelle était si forte alors et était tellement fermée d'yannes que lui-même témoigne que l'on n'y pouvait passer. Hors est toute attérie par gravois, fiens et autres ordures que l'on y a depuis jetés. Il fut longuement devant, car les Parisiens qui étaient environs de Paris et jusqu'à Melun avaient une telle coutume que tantôt comme guerre leur sourdait, ils venaient tous à Paris à secours et pour être plus forts et ne leur chalait de ramenant. Or il advint que comme il faisait siége devant Paris et que tous les Parisiens s'étaient retraient et vidés tout le revenant ; il s'avisa de prendre Melun et le prit de fait, et par ce fut seigneur de la rivière et pouvait venir assaillir de quelque part qu'il l'y plaisait. Quand il eût été longtemps devant sans rien faire, il fit semblant qu'il se partit et de lever son siége et de s'en aller droit à la ville Julie qui, a droit parler est appelée le village Julie pour le corps de cette sainte qui y repose et comme un appelé Camulogène qui était de Rouen auquel, et bien qu'il fut ancien, était baillé pour sa vaillance, pour le gouvernement des gens d'armes; leur dit que ce n'était que toute feintise ce qu'ils se gardassent bien qu'ils ne le poursuivissent ; ils ne le voulurent croire, mais allèrent après et l'atteindirent et tantôt ses gens, qu'il avait laissé embuche, vinrent et les enclorent et y eut grande déconfiture et fut la cause qui pour lors les fit être tributaires des Romains, car oncque homme n'y entra et le prit de force. »

Telle est la légende du moyen-âge qui, si on doit y voir une imitation libre du récit des Commentaires, semble offrir néanmoins, sous un semblant de traduction et incorporées avec elle la réminiscence plus éloignée des traditions parisiennes.

Ce que l'on a dû surtout remarquer dans cet écho lointain des premières impressions , est notamment ceci : nulle mention du passage du fleuve non plus que de l'incendie de la cité, mais marche feinte des Romains sur Villejuif. Toutes circonstances conformes à notre interprétation, puis il est dit que les Romains victorieux se contentèrent d'un tribut annuel et que oncque homme n'entra dans cette cité habitée de gens grands et puissants, et ne la prit de force, glorieux souvenir qui ne pouvait s'effacer dans les traditions Gauloises.

Cette déconfiture que Camulogène semblait avoir prévue et qui aurait été due déjà aux ardeurs de ce caractère bouillant qui fut plus tard la furie française, révélait dès cette époque reculée cet enseignement tant de fois depuis renouvelé de la supériorité, en l'absence même de l'artillerie, d'une armée solidement organisée et habilement commandée, sur les masses précipitamment appelées quelque puisse être, leur nombre, leur sentiment patriotique et leur courage, car, dirent les Commentaires de César : « Quand les ennemis qui se trouvaient au premier rang furent tombés percés de traits, les autres ne résistèrent pas moins vigoureusement et aucun d'eux ne paraissait disposé à fuir ; leur chef, Camulogène, était là lui-même, les encourageant. » Et plus loin : « Pas un seul Gaulois ne lâcha pied, ils furent enveloppés tous et tués. Camulogène subit le sort commun : *Ne eo quidem tempore quisquam loco cessit, sed circumventi omnes interfecti sunt ; eamdem fortunam tulit Camulogenus.*

Le souvenir de la victoire des Romains se conserverait dans le nom de Vitry, donné au lieu du dernier combat où serait tombé Camulogène, mais le souvenir de Camulogène lui-même, plus cher aux Parisiens n'avait aucun monument, aucun signe, aucun écho qui le rappelât ; or, dans un siècle où les recherches du passé, l'amour des études historiques et de l'archéologie sont devenus pour beaucoup d'investigateurs infatigables, une véritable passion aussi patriotique que scientifique, ce souvenir devait revivre dans tout son éclat au lieu où avait combattu ce général illustre parmi les derniers défenseurs de la nationalité Gauloise ; il fut fait satisfaction par la dénomination de Camulogène, donnée, il y a peu d'années, à une rue du quartier de Plaisance sur le terrain qu'a dû occuper l'armée parisienne soumise à son commandement. Et c'est ainsi que le sang versé pour la patrie et même vainement, reçoit toujours tôt où tard dans la postérité, sa juste récompense.

Bon CARRA DE VAUX.

Amiens. — Imp. de Delattre-Lenoel, rue des Rabuissons, 30.

www.ingramcontent.com/pod-product-compliance
Ingram Content Group UK Ltd.
Pitfield, Milton Keynes, MK11 3LW, UK
UKHW021041260726
13994UKWH00005B/2293